UN LIBRO MACPHERSON MAGAZINE

https://macphersonmagazineeditorial.com

Título original: Macpherson Magazine Chef's - Receta Merluza en salsa de tahini

Receta de: Cristina López

MACPHERSON MAGAZINE

DISEÑO Macpherson Magazine   DIRECTOR ARTÍSTICO Macpherson
Magazine
JEFE EDITORIAL Macpherson Magazine DIRECTOR EDITORIAL Javier Rodríguez
Macpherson

CONTROL DE PRODUCCIÓN
Macpherson Magazine

MACPHERSON MAGAZINE

EDITOR ARTÍSTICO Macpherson Magazine
EDITOR EJECUTIVO Macpherson Magazine

Publicado originalmente en España en 2019 y revisado en 2019.
Esta edición: publicada en 2019 por
Macpherson Magazine, Barcelona

www.macphersonmagazineeditorial.com

MACPHERSON

MAGAZINE chefs

RECETA MERLUZA EN SALSA DE TAHINI

Cristina López

Merluza en salsa de tahini, receta sencillísima de pescado al horno

Esta merluza en salsa de tahini al horno es de origen libanés y está para rebañar el plato y chuparse los dedos de lo rica que está.

Preparación: 35 min. **Dificultad:** Fácil **Personas:** 4

Os traemos una receta muy original y sencilla procedente de la cocina libanesa. Se llama *samak bi tahini* en árabe y es un favorito en muchas regiones del Medio Oriente. Este plato de merluza en salsa se prepara con tahini, cítricos, frutos secos y hierbas aromáticas. Original, económica y muy sana: esta es nuestra **merluza en salsa de tahini**.

Ingredientes

- Diente de ajo, 1
- Ralladura de lima, al gusto
- Guindillas, 2
- Perejil picado, al gusto
- Almendras laminadas tostadas, 30 g

01: Preparación de la salsa de tahini

cocinillas.es

En un plato hondo o bol, vertemos la nata fresca, el tahini, el jugo de limón, la sal, el aceite de oliva, la cebolla morada cortada en trozos pequeños, el comino molido, el cardamomo y el agua. Removemos bien con unas varillas o un tenedor. Una vez tengamos una salsa consistente y equilibrada, reservamos.

02: Hornear

cocinillas.es

Precalentamos el horno a 220 ºC.

Mientras coge calor, vamos a preparar los filetes de merluza. Colocamos las piezas sobre una bandeja profunda para horno. Bañamos con un poco de aceite de oliva sobre ambos filetes. Agregamos sal, un diente de ajo picado, ralladura de lima, guindillas rojas troceadas al gusto, perejil fresco picado y almendras laminadas. Como preferencia personal, las hemos tostado un poco antes de añadirlas.

Listas todas las capas, bajamos la temperatura del horno a 180ºC e introducimos la bandeja. Cocinamos durante 10 minutos.

03: Servir

Sacamos la bandeja con mucho cuidado y apartamos. Para una ración, partimos cada filete en dos mitades y servimos en un plato generosamente regado con la salsa.

Se puede acompañar de arroz hervido o quinoa, ya que casa con la cremosidad de la salsa.

Notas

Sacamos la bandeja con mucho cuidado y apartamos. Para una ración, partimos cada filete en dos mitades y servimos en un plato generosamente regado con la salsa.

Se puede acompañar de arroz hervido o quinoa, ya que casa con la cremosidad de la salsa.

El tahini o tahina equivale a un ingrediente tan emblemático como el ajo en nuestros estofados y guisos nacionales: se utiliza en todo Oriente Medio para infinidad de platos. Seguramente, conocéis la receta de hummus, un puré de garbanzos. Literalmente, es lo que significa en árabe *hummus*: garbanzo. Pues también lleva tahini, elemento que dota al plato de esa consistencia y ahumado tan irresistible. ¿Baba Ganush, el inconfundible puré de berenjenas? ¡También con tahini!

A día de hoy, podéis encontrarlo en proveedores en línea como Amazon, en herbolarios o en carnicerías halal de vuestro barrio.

En cuanto a los filetes de pescado, hemos elegido merluza porque era lo que teníamos a mano. Ya sabéis que podéis sustituirla por cualquier otra pieza de pescado blanco: lubina, dorada, cazón, bacalao, lenguado, mero… Lo más importante es que, si podemos permitírnoslo, sea producto fresco. Unido a la cremosidad de esta salsa y su golpe cítrico, las merluzas en salsa al horno son infalibles para un horneado rápido bajo en calorías.

¿Te apetece equilibrar tu dieta con producto del mar? ¿Quieres emplear ingredientes del Oriente Medio en la cocina tradicional de toda la vida? No te lo pienses dos veces: prueba esta **merluza en salsa de tahini**.

La Editorial Macpherson Magazine trae un nuevo libro, pero esta vez un libro de recetas o guía. Para poder hacer Merluza en salsa de tahini, se mostrara paso a paso y con fotografías. Macpherson Magazine a partir de ahora, lanzará un libro de recetas de cada comida.

Lightning Source UK Ltd.
Milton Keynes UK
UKRC020919081019
351188UK00009B/133